Quick Student Workbook

Study Guide

Student Workbook for

Anne Frank, Diary of a Young Girl

By:

John Pennington

The Quick Student Workbooks are designed to get students thinking critically about the text they read and providing a guided study format to facilitate in improved learning and retention. Teachers and Homeschool Instructors may use them to improve student learning and organization.

What students will construct and identify the following areas of knowledge.

Main Idea

Events

Vocabulary

And more as appropriate to the text.

This is a workbook for students to determine the above areas. This is not a study guide, cliff notes, or Teacher's guide.

How to use this workbook

1. Complete as many entries as possible for each chapter.
2. Not all spaces need to be filled, move on when you have exhausted the information for the chapter.
3. Complete the Review page at the end to bring the information together.
4. Notes Pages are located after the Chapter Pages. Use them to record any information not covered in the Chapter Pages.
5. Notes on the author can be kept on pages 4 and 5.

Need a Teachers Guide created?

Upgrade to the Lessons on Demand line of books!

Send requests and questions to Johndavidpennington@yahoo.com

Author Notes

Author Notes

NAME:

TEACHER:

Date:

Chapter

Main Idea

Events
1.
2.
3.
4.
5.

Key Terms / Vocabulary
1.
2.
3.
4.

Chapter

Main Idea

Events
1.
2.
3.
4.
5.

Key Terms / Vocabulary
1.
2.
3.
4.

NAME:

TEACHER:

Date:

Chapter

Main Idea

Chapter

Main Idea

Events
1.
2.
3.
4.
5.

Events
1.
2.
3.
4.
5.

Key Terms / Vocabulary
1.
2.
3.
4.

Key Terms / Vocabulary
1.
2.
3.
4.

NAME:

TEACHER:

Date:

Chapter

Main Idea

Chapter

Main Idea

Events

1.
2.
3.
4.
5.

Events

1.
2.
3.
4.
5.

Key Terms / Vocabulary

1.
2.
3.
4.

Key Terms / Vocabulary

1.
2.
3.
4.

NAME:

TEACHER:

Date:

Chapter

Main Idea

Chapter

Main Idea

Events

1.
2.
3.
4.
5.

Events

1.
2.
3.
4.
5.

Key Terms / Vocabulary

1.
2.
3.
4.

Key Terms / Vocabulary

1.
2.
3.
4.

NAME:

TEACHER:

Date:

Chapter

Main Idea

Events
1.
2.
3.
4.
5.

Key Terms / Vocabulary
1.
2.
3.
4.

Chapter

Main Idea

Events
1.
2.
3.
4.
5.

Key Terms / Vocabulary
1.
2.
3.
4.

NAME:

TEACHER:

Date:

Chapter

Main Idea

Events
1.
2.
3.
4.
5.

Key Terms / Vocabulary
1.
2.
3.
4.

Chapter

Main Idea

Events
1.
2.
3.
4.
5.

Key Terms / Vocabulary
1.
2.
3.
4.

NAME:

TEACHER:

Date:

Chapter

Main Idea

Events

1.
2.
3.
4.
5.

Key Terms / Vocabulary

1.
2.
3.
4.

Chapter

Main Idea

Events

1.
2.
3.
4.
5.

Key Terms / Vocabulary

1.
2.
3.
4.

NAME:

TEACHER:

Date:

Chapter

Main Idea

Events
1.
2.
3.
4.
5.

Key Terms / Vocabulary
1.
2.
3.
4.

Chapter

Main Idea

Events
1.
2.
3.
4.
5.

Key Terms / Vocabulary
1.
2.
3.
4.

NAME:

TEACHER:

Date:

Chapter

Main Idea

Events
1.
2.
3.
4.
5.

Key Terms / Vocabulary
1.
2.
3.
4.

Chapter

Main Idea

Events
1.
2.
3.
4.
5.

Key Terms / Vocabulary
1.
2.
3.
4.

NAME:

TEACHER:

Date:

Chapter

Main Idea

Chapter

Events

1.
2.
3.
4.
5.

Main Idea

Events

1.
2.
3.
4.
5.

Key Terms / Vocabulary

1.
2.
3.
4.

Key Terms / Vocabulary

1.
2.
3.
4.

NAME:

TEACHER:

Date:

Chapter

Main Idea

Events
1.
2.
3.
4.
5.

Key Terms / Vocabulary
1.
2.
3.
4.

Chapter

Main Idea

Events
1.
2.
3.
4.
5.

Key Terms / Vocabulary
1.
2.
3.
4.

NAME:

TEACHER:

Date:

Chapter

Main Idea

Events
1.
2.
3.
4.
5.

Key Terms / Vocabulary
1.
2.
3.
4.

Chapter

Main Idea

Events
1.
2.
3.
4.
5.

Key Terms / Vocabulary
1.
2.
3.
4.

NAME:

TEACHER:

Date:

Chapter

Main Idea

Events
1.
2.
3.
4.
5.

Key Terms / Vocabulary
1.
2.
3.
4.

Chapter

Main Idea

Events
1.
2.
3.
4.
5.

Key Terms / Vocabulary
1.
2.
3.
4.

NAME:

TEACHER:

Date:

Chapter

Main Idea

Events
1.
2.
3.
4.
5.

Key Terms / Vocabulary
1.
2.
3.
4.

Chapter

Main Idea

Events
1.
2.
3.
4.
5.

Key Terms / Vocabulary
1.
2.
3.
4.

NAME:

TEACHER:

Date:

Chapter

Main Idea

Chapter

Main Idea

Events

1.
2.
3.
4.
5.

Events

1.
2.
3.
4.
5.

Key Terms / Vocabulary

1.
2.
3.
4.

Key Terms / Vocabulary

1.
2.
3.
4.

NAME:

TEACHER:

Date:

Chapter

Main Idea

Events
1.
2.
3.
4.
5.

Key Terms / Vocabulary
1.
2.
3.
4.

Chapter

Main Idea

Events
1.
2.
3.
4.
5.

Key Terms / Vocabulary
1.
2.
3.
4.

NAME:

TEACHER:

Date:

Chapter

Main Idea

Events
1.
2.
3.
4.
5.

Key Terms / Vocabulary
1.
2.
3.
4.

Chapter

Main Idea

Events
1.
2.
3.
4.
5.

Key Terms / Vocabulary
1.
2.
3.
4.

NAME:

TEACHER:

Date:

Chapter

Main Idea

Events
1.
2.
3.
4.
5.

Key Terms / Vocabulary
1.
2.
3.
4.

Chapter

Main Idea

Events
1.
2.
3.
4.
5.

Key Terms / Vocabulary
1.
2.
3.
4.

NAME:

TEACHER:

Date:

Chapter

Main Idea

Chapter

Main Idea

Events

1.
2.
3.
4.
5.

Events

1.
2.
3.
4.
5.

Key Terms / Vocabulary

1.
2.
3.
4.

Key Terms / Vocabulary

1.
2.
3.
4.

NAME:

TEACHER:

Date:

Chapter

Main Idea

Events
1.
2.
3.
4.
5.

Key Terms / Vocabulary
1.
2.
3.
4.

Chapter

Main Idea

Events
1.
2.
3.
4.
5.

Key Terms / Vocabulary
1.
2.
3.
4.

NAME:

TEACHER:

Date:

Chapter

Main Idea

Events
1.
2.
3.
4.
5.

Key Terms / Vocabulary
1.
2.
3.
4.

Chapter

Main Idea

Events
1.
2.
3.
4.
5.

Key Terms / Vocabulary
1.
2.
3.
4.

NAME:

TEACHER:

Date:

Chapter

Main Idea

Events
1.
2.
3.
4.
5.

Key Terms / Vocabulary
1.
2.
3.
4.

Chapter

Main Idea

Events
1.
2.
3.
4.
5.

Key Terms / Vocabulary
1.
2.
3.
4.

NAME:

TEACHER:

Date:

Chapter

Main Idea

Events
1.
2.
3.
4.
5.

Key Terms / Vocabulary
1.
2.
3.
4.

Chapter

Main Idea

Events
1.
2.
3.
4.
5.

Key Terms / Vocabulary
1.
2.
3.
4.

NAME:

TEACHER:

Date:

Chapter

Main Idea

Events
1.
2.
3.
4.
5.

Key Terms / Vocabulary
1.
2.
3.
4.

Chapter

Main Idea

Events
1.
2.
3.
4.
5.

Key Terms / Vocabulary
1.
2.
3.
4.

NAME:

TEACHER:

Date:

Chapter

Main Idea

Chapter

Main Idea

Events

1.
2.
3.
4.
5.

Events

1.
2.
3.
4.
5.

Key Terms / Vocabulary

1.
2.
3.
4.

Key Terms / Vocabulary

1.
2.
3.
4.

NAME:

TEACHER:

Date:

Chapter

Main Idea

Chapter

Main Idea

Events

1.
2.
3.
4.
5.

Events

1.
2.
3.
4.
5.

Key Terms / Vocabulary

1.
2.
3.
4.

Key Terms / Vocabulary

1.
2.
3.
4.

NAME:

TEACHER:

Date:

Chapter

Main Idea

Events
1.
2.
3.
4.
5.

Key Terms / Vocabulary
1.
2.
3.
4.

Chapter

Main Idea

Events
1.
2.
3.
4.
5.

Key Terms / Vocabulary
1.
2.
3.
4.

NAME:

TEACHER:

Date:

Chapter

Main Idea

Chapter

Main Idea

Events

1.
2.
3.
4.
5.

Events

1.
2.
3.
4.
5.

Key Terms / Vocabulary

1.
2.
3.
4.

Key Terms / Vocabulary

1.
2.
3.
4.

NAME:

TEACHER:

Date:

Chapter

Main Idea

Events
1.
2.
3.
4.
5.

Key Terms / Vocabulary
1.
2.
3.
4.

Chapter

Main Idea

Events
1.
2.
3.
4.
5.

Key Terms / Vocabulary
1.
2.
3.
4.

NAME:

TEACHER:

Date:

Chapter

Main Idea

Events
1.
2.
3.
4.
5.

Key Terms / Vocabulary
1.
2.
3.
4.

Chapter

Main Idea

Events
1.
2.
3.
4.
5.

Key Terms / Vocabulary
1.
2.
3.
4.

NAME:

TEACHER:

Date:

Chapter

Main Idea

Events
1.
2.
3.
4.
5.

Key Terms / Vocabulary
1.
2.
3.
4.

Chapter

Main Idea

Events
1.
2.
3.
4.
5.

Key Terms / Vocabulary
1.
2.
3.
4.

NAME:

TEACHER:

Date:

Chapter

Main Idea

Chapter

Events

Main Idea

1.
2.
3.
4.
5.

Events

Key Terms / Vocabulary

1.
2.
3.
4.
5.

1.
2.
3.
4.

Key Terms / Vocabulary

1.
2.
3.
4.

NAME:

TEACHER:

Date:

Chapter

Main Idea

Events
1.
2.
3.
4.
5.

Key Terms / Vocabulary
1.
2.
3.
4.

Chapter

Main Idea

Events
1.
2.
3.
4.
5.

Key Terms / Vocabulary
1.
2.
3.
4.

NAME:

TEACHER:

Date:

Chapter

Main Idea

Events
1.
2.
3.
4.
5.

Key Terms / Vocabulary
1.
2.
3.
4.

Chapter

Main Idea

Events
1.
2.
3.
4.
5.

Key Terms / Vocabulary
1.
2.
3.
4.

NAME:

TEACHER:

Date:

Chapter

Main Idea

Chapter

Main Idea

Events

1.
2.
3.
4.
5.

Events

1.
2.
3.
4.
5.

Key Terms / Vocabulary

1.
2.
3.
4.

Key Terms / Vocabulary

1.
2.
3.
4.

NAME:

TEACHER:

Date:

Chapter

Main Idea

Events
1.
2.
3.
4.
5.

Key Terms / Vocabulary
1.
2.
3.
4.

Chapter

Main Idea

Events
1.
2.
3.
4.
5.

Key Terms / Vocabulary
1.
2.
3.
4.

NAME:

TEACHER:

Date:

Chapter

Main Idea

Events
1.
2.
3.
4.
5.

Key Terms / Vocabulary
1.
2.
3.
4.

Chapter

Main Idea

Events
1.
2.
3.
4.
5.

Key Terms / Vocabulary
1.
2.
3.
4.

NAME:

TEACHER:

Date:

Chapter

Main Idea

Events
1.
2.
3.
4.
5.

Key Terms / Vocabulary
1.
2.
3.
4.

Chapter

Main Idea

Events
1.
2.
3.
4.
5.

Key Terms / Vocabulary
1.
2.
3.
4.

NAME:

TEACHER:

Date:

Chapter

Main Idea

Chapter

Main Idea

Events

1.
2.
3.
4.
5.

Events

1.
2.
3.
4.
5.

Key Terms / Vocabulary

1.
2.
3.
4.

Key Terms / Vocabulary

1.
2.
3.
4.

NAME:

TEACHER:

Date:

Chapter

Main Idea

Chapter

Main Idea

Events

1.
2.
3.
4.
5.

Events

1.
2.
3.
4.
5.

Key Terms / Vocabulary

1.
2.
3.
4.

Key Terms / Vocabulary

1.
2.
3.
4.

NAME:

TEACHER:

Date:

Chapter

Main Idea

Events
1.
2.
3.
4.
5.

Key Terms / Vocabulary
1.
2.
3.
4.

Chapter

Main Idea

Events
1.
2.
3.
4.
5.

Key Terms / Vocabulary
1.
2.
3.
4.

NAME:

TEACHER:

Date:

Chapter

Main Idea

Events
1.
2.
3.
4.
5.

Key Terms / Vocabulary
1.
2.
3.
4.

Chapter

Main Idea

Events
1.
2.
3.
4.
5.

Key Terms / Vocabulary
1.
2.
3.
4.

NAME:

TEACHER:

Date:

Chapter

Main Idea

Chapter

Main Idea

Events

1.
2.
3.
4.
5.

Events

1.
2.
3.
4.
5.

Key Terms / Vocabulary

1.
2.
3.
4.

Key Terms / Vocabulary

1.
2.
3.
4.

NAME:

TEACHER:

Date:

Chapter

Main Idea

Events

1.
2.
3.
4.
5.

Key Terms / Vocabulary

1.
2.
3.
4.

Chapter

Main Idea

Events

1.
2.
3.
4.
5.

Key Terms / Vocabulary

1.
2.
3.
4.

NAME:

TEACHER:

Date:

Chapter

Main Idea

Chapter

Main Idea

Events

1.
2.
3.
4.
5.

Events

1.
2.
3.
4.
5.

Key Terms / Vocabulary

1.
2.
3.
4.

Key Terms / Vocabulary

1.
2.
3.
4.

NAME:

TEACHER:

Date:

Chapter

Main Idea

Events
1.
2.
3.
4.
5.

Key Terms / Vocabulary
1.
2.
3.
4.

Chapter

Main Idea

Events
1.
2.
3.
4.
5.

Key Terms / Vocabulary
1.
2.
3.
4.

NAME:

TEACHER:

Date:

Chapter

Main Idea

Chapter

Main Idea

Events

1.
2.
3.
4.
5.

Events

1.
2.
3.
4.
5.

Key Terms / Vocabulary

1.
2.
3.
4.

Key Terms / Vocabulary

1.
2.
3.
4.

NAME:

TEACHER:

Date:

Chapter

Main Idea

Events
1.
2.
3.
4.
5.

Key Terms / Vocabulary
1.
2.
3.
4.

Chapter

Main Idea

Events
1.
2.
3.
4.
5.

Key Terms / Vocabulary
1.
2.
3.
4.

NAME:

TEACHER:

Date:

Chapter

Main Idea

Chapter

Main Idea

Events

1.
2.
3.
4.
5.

Events

1.
2.
3.
4.
5.

Key Terms / Vocabulary

1.
2.
3.
4.

Key Terms / Vocabulary

1.
2.
3.
4.

NAME:

TEACHER:

Date:

Chapter

Main Idea

Chapter

Events

Main Idea

1.
2.
3.
4.
5.

Events

Key Terms / Vocabulary

1.
2.
3.
4.
5.

1.
2.
3.
4.

Key Terms / Vocabulary

1.
2.
3.
4.

NAME:

TEACHER:

Date:

Chapter

Main Idea

Events
1.
2.
3.
4.
5.

Key Terms / Vocabulary
1.
2.
3.
4.

Chapter

Main Idea

Events
1.
2.
3.
4.
5.

Key Terms / Vocabulary
1.
2.
3.
4.

NAME:

TEACHER:

Date:

Chapter

Main Idea

Events
1.
2.
3.
4.
5.

Key Terms / Vocabulary
1.
2.
3.
4.

Chapter

Main Idea

Events
1.
2.
3.
4.
5.

Key Terms / Vocabulary
1.
2.
3.
4.

NAME:

TEACHER:

Date:

Chapter

Main Idea

Chapter

Main Idea

Events

1.
2.
3.
4.
5.

Events

1.
2.
3.
4.
5.

Key Terms / Vocabulary

1.
2.
3.
4.

Key Terms / Vocabulary

1.
2.
3.
4.

NAME:

TEACHER:

Date:

Chapter

Main Idea

Events
1.
2.
3.
4.
5.

Key Terms / Vocabulary
1.
2.
3.
4.

Chapter

Main Idea

Events
1.
2.
3.
4.
5.

Key Terms / Vocabulary
1.
2.
3.
4.

NAME:

TEACHER:

Date:

Chapter

Main Idea

Events
1.
2.
3.
4.
5.

Key Terms / Vocabulary
1.
2.
3.
4.

Chapter

Main Idea

Events
1.
2.
3.
4.
5.

Key Terms / Vocabulary
1.
2.
3.
4.

NAME:

TEACHER:

Date:

Chapter

Main Idea

Chapter

Main Idea

Events

1.
2.
3.
4.
5.

Events

1.
2.
3.
4.
5.

Key Terms / Vocabulary

1.
2.
3.
4.

Key Terms / Vocabulary

1.
2.
3.
4.

NAME:

TEACHER:

Date:

Chapter

Main Idea

Chapter

Main Idea

Events
1.
2.
3.
4.
5.

Events
1.
2.
3.
4.
5.

Key Terms / Vocabulary
1.
2.
3.
4.

Key Terms / Vocabulary
1.
2.
3.
4.

NAME:

TEACHER:

Date:

Chapter

Main Idea

Events
1.
2.
3.
4.
5.

Key Terms / Vocabulary
1.
2.
3.
4.

Chapter

Main Idea

Events
1.
2.
3.
4.
5.

Key Terms / Vocabulary
1.
2.
3.
4.

NAME:

TEACHER:

Date:

Chapter

Main Idea

Events
1.
2.
3.
4.
5.

Key Terms / Vocabulary
1.
2.
3.
4.

Chapter

Main Idea

Events
1.
2.
3.
4.
5.

Key Terms / Vocabulary
1.
2.
3.
4.

NAME:

TEACHER:

Date:

Chapter

Main Idea

Chapter

Main Idea

Events

1.
2.
3.
4.
5.

Events

1.
2.
3.
4.
5.

Key Terms / Vocabulary

1.
2.
3.
4.

Key Terms / Vocabulary

1.
2.
3.
4.

NAME:

TEACHER:

Date:

Chapter

Main Idea

Events
1.
2.
3.
4.
5.

Key Terms / Vocabulary
1.
2.
3.
4.

Chapter

Main Idea

Events
1.
2.
3.
4.
5.

Key Terms / Vocabulary
1.
2.
3.
4.

NAME:

TEACHER:

Date:

Chapter

Main Idea

Events
1.
2.
3.
4.
5.

Key Terms / Vocabulary
1.
2.
3.
4.

Chapter

Main Idea

Events
1.
2.
3.
4.
5.

Key Terms / Vocabulary
1.
2.
3.
4.

NAME:

TEACHER:

Date:

Chapter

Main Idea

Events
1.
2.
3.
4.
5.

Key Terms / Vocabulary
1.
2.
3.
4.

Chapter

Main Idea

Events
1.
2.
3.
4.
5.

Key Terms / Vocabulary
1.
2.
3.
4.

NAME:

TEACHER:

Date:

Chapter

Main Idea

Events

1.
2.
3.
4.
5.

Key Terms / Vocabulary

1.
2.
3.
4.

Chapter

Main Idea

Events

1.
2.
3.
4.
5.

Key Terms / Vocabulary

1.
2.
3.
4.

NAME:

TEACHER:

Date:

Chapter

Main Idea

Events
1.
2.
3.
4.
5.

Key Terms / Vocabulary
1.
2.
3.
4.

Chapter

Main Idea

Events
1.
2.
3.
4.
5.

Key Terms / Vocabulary
1.
2.
3.
4.

Before Reading Questions

What is the reason for reading this book?

What do you already know about this book?

What, based on the cover, do you think this book is about?

Before Reading Questions

Have you read any other books by this author?

Is this book part of a series? If so what are the other books?

What are you looking forward to when reading this book?

Before Reading Questions

What parts of the book were the most enjoyable?

Which characters were your favorite and why?

Write a summary of the book.

Before Reading Questions

What are the 5 most important events?

Write a review of the book.

What is likely to be a plot to the next book?

Draw an advertisement for the book

Character Sketch

Name

Personality/ Distinguishing marks

Draw a picture

Connections to other characters

Important Actions

Character Sketch

Name

Draw a picture

Personality/ Distinguishing marks

Connections to other characters

Important Actions

Character Sketch

Name

Personality/ Distinguishing marks

Draw a picture

Connections to other characters

Important Actions

Character Sketch

Name

Personality/ Distinguishing marks

Draw a picture

Connections to other characters

Important Actions

Character Sketch

Name

Personality/ Distinguishing marks

Connections to other characters

Draw a picture

Important Actions

Compare and Contrast Venn Diagram

Notes

Notes

Notes

Notes

Notes

Printed in Poland
by Amazon Fulfillment
Poland Sp. z o.o., Wrocław